U0066033

我是
人生勝利組

特典手冊

圖解

人生勝利組
的遊戲規則

青丘文化
Green Hills Publishing House

《人生遊戲的贏家法則》是怎樣的一本書？

「該怎麼做，才能得到幸福？」
這是每個人終其一生在探求的課題。
你可以在《人生遊戲的贏家法則》，
找到讓你夢想成真的答案。

人生不是一場戰役，而是遊戲；
學會遊戲規則，就能暢玩人生！
本書將傳授你「暢玩人生遊戲的贏家法則」，包括：

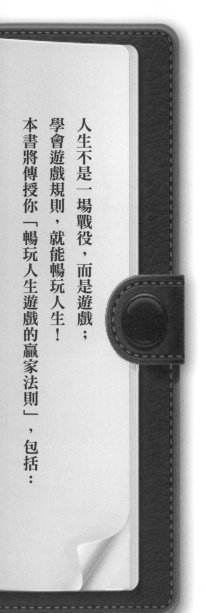

- 想暢玩人生遊戲，應該訓練什麼能力？
- 該怎麼做才能讓美夢成真？
- 如何才能讓上天的供應源源不絕？
- 該怎麼面對潛意識中的恐懼念頭？
- 如何面對生活中不利的境況？
- 當一個人渴望變有錢，他該怎麼做？
- 該怎麼祈求，渴望才能應驗？
- 一個人如何獲得真正的自由？
- 怎樣的心態會導致損失？

《人生遊戲的贏家法則》自一九二五年出版以來，百年長銷不衰，改變了千萬人的命運，成為美國史上最具影響力的名著之一。拿破崙・希爾、戴爾・卡內基等成功學大師，都曾受本書啟迪，被譽為成功學的「始祖級」經典！

INTRODUCTION

你永遠可以手握選擇，決定如何過自己想要的人生！

你是否覺得：

人生苦哈哈，每件事好像都很難……

為什麼好事都不會落在我頭上？

月底還沒到，薪水花光只能吃土	工作像火坑，我永遠出不了坑

看別人放閃，還被嘲笑「單身狗」	同期已經升官，我還是低階專員

你是否想過：

有沒有可能是我們自己把人生搞得如此困難？

有沒有一絲可能，可以把人生變好，就像一場遊戲？

本書以最簡單易懂的方法，提供你暢玩人生遊戲的指示：

- 重新認識內在世界的靈性法則
- 清除阻擋我們看清自己本質的妨礙
- 全新解讀《聖經》中的人生智慧
- 以生活中的真實故事，闡述正面態度與肯定思想
- 可用在生命中各種情境的「魔法肯定句」
- 運用心靈法則讓富足自然降臨，成為幸福的贏家

你大可將人生想成一場遊戲，
在人生的每次轉折、每個領域，
將自身心態轉化成吸引無窮力量的磁鐵。

追隨本書的「人生遊戲的贏家法則」，
親眼目睹正向成果，
在你的生活中展現的奇蹟！

圖解 暢玩人生的遊戲規則

CONTANTS

Chapter 1

人生是一場遊戲

—— 掌握遊戲規則，成為人生贏家 ——

| 1-1 | 人生遊戲的規則：種瓜得瓜、種豆得豆

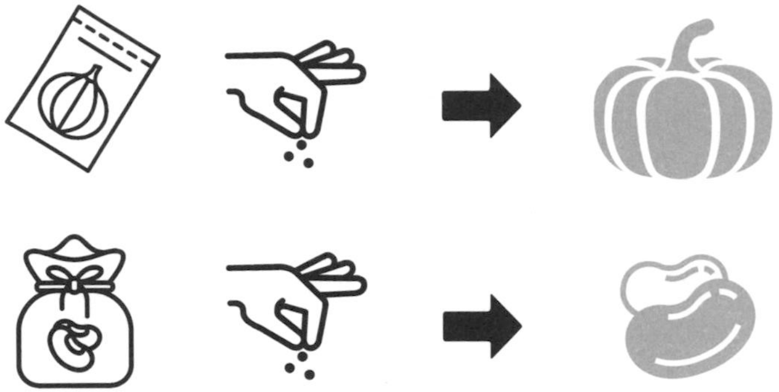

人種的是什麼，收的也是什麼。
人的一言一行將返回自身。

人生是一場遊戲，想像力是領銜主角

《聖經》提供人生遊戲清晰完整的規則。耶穌基督說：**「人種的是什麼，收的也是什麼。」**人生是一場「給予與接收」的遊戲，人給出什麼，就會收回什麼。

倘若他傳遞出恨意，就會收到恨意。假使他付出愛，就會收到愛。

一個人所想像的事，遲早會體現在他自己身上。想要成功地暢玩人生遊戲，就必須訓練想像力，只想像美好的事物。

若想成功訓練想像力，就應該理解心智的運作之道。

｜1-2｜超意識心智＝你的神聖設計

「世俗心智」只看到人生的表象，看到死亡、災難、疾病、貧窮。

一個人深刻感受或清晰想像的事物，會烙印在「潛意識心智」。

「超意識心智」是每個人的神性心智，
包含：健康、財富、愛，以及完美的自我表現。

在潛意識重寫完美紀錄

人與他心中的渴望，除了懷疑與恐懼，沒有任何阻礙。一旦人可以「無憂無慮地盼望」，每個渴望就會立即實現。每個人都有自己的完美神聖設計，**透過渴望、信心或說出口的話語，破除潛意識的恐懼，就能重寫完美紀錄，獲得健康、財富、愛，以及完美的自我表現。**

POINT

人生遊戲就像玩迴力鏢，人的一言一行終將返回自身。

Chapter 2

富裕法則

—— 做好接收準備，財富就會到來 ——

| 2-1 | 語言與思想是超強振動，形塑我們的人生

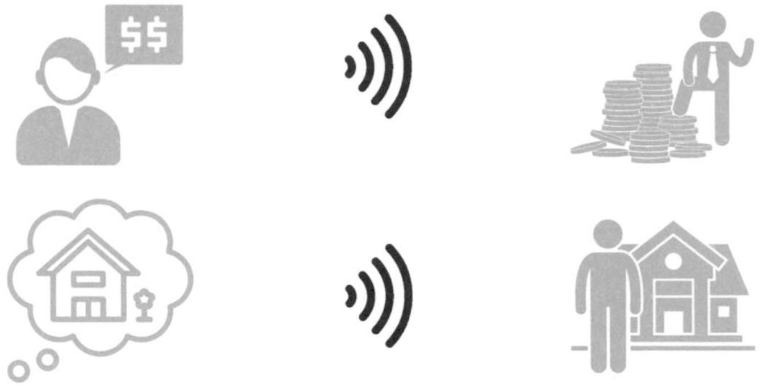

對你說出口的話充滿信心，
表現出自己已經得到想要的事物。

為你的祈求做準備

我們從《聖經》得到的最偉大訊息就是：上帝供應我們一切。人只要對著祂說話，就能釋放神授權利賦予他的一切，但他必須對自己說出口的話充滿信心。

一個人只會收到他看得到的事物，他的心胸眼界觸及何處，就能擁有相對範圍的事物。

在迎來偉大事物之前，我們通常必須經歷煩憂折磨的過程。在此之際，**你必須反覆重申自己的堅定立場，讚揚自己「已經接收到」渴望的事物，並表達感謝。**

|2-2|迎來成功之前，我們往往必須先經歷折磨

想登上巔峰，必須先經歷各種考驗。
因為黎明前的時刻，天色總是最黑暗。

借助他人為你守住願景

人們往往當局者迷，涉入自己的事務太深，因而心生懷疑與恐懼。而朋友或「治療師」之所以可以清楚看見你的成功、健康或富裕，正是因為旁觀者清。當你覺得自己開始猶豫不決時，請勿遲疑，務必及早尋求協助。**一個人只要身邊有人相信他會成功，他就不會失敗。**

POINT

上帝供應我們一切。即使看不到徵兆，仍須做好準備，迎接恩典的到來。

Chapter

3 語言的力量

—— 你說出什麼，就吸引什麼 ——

| 3-1 | 「預期心理」是最強開運物

幸運物本身並未具備任何力量，
但它能在超意識心智創造「預期心理」，吸引好運上門。

面對恐懼，它將不復存在

熟知語言力量的人，會對自己說出口的話十分警醒，因為他知道：那些話「不會無功而返」。

唯一可以改變潛意識的方法，就是堅定相信**「世上沒有兩股力量，唯一的力量來自上帝。因此，無須失望，事件本身就意味著愉快的驚喜。」**

當一個人下定決心去完成自己原本擔心害怕的某件事，最後往往是什麼事都不必做，問題自然就迎刃而解。因為人們具備原諒自己的錯誤、或是讓錯誤化為烏有的能力。

| 3-2 | 詛咒會回到詛咒者自身，祝福會回到祝福者自身

我們道人長短，終究會返回自身；
我們祝福他人，也就是在祝福自己。

祝福那個想傷害你的人

人們只應為三大目的開口說話，即「治癒、祝福或成功」。古諺有云：「自食惡果。」要是有人希望他人「倒大楣」，他肯定是在給自己引來霉運上身。如果他希望並幫助別人成功，就是在希望並幫助自己成功。**在人生這場遊戲中，愛或善意攻無不克。**

POINT

無論一個人說了什麼，他的語言振動會發出磁吸力，吸引他說出口的事物過來。

Chapter 4

不抵抗法則

—— 惡並不存在，你無須抵抗 ——

4-1 生活是一面鏡子，我們會在周遭的人身上看見自己

一個人之所以能夠改進自己的缺點，往往是因為他在別人身上看到自己的缺點。

「接受」不利的境況

抵抗有如地獄，將人置於一種「飽受折磨」的狀態。在人生這場遊戲成功闖關的祕訣，就是「不抗拒法則」。

人只要抵抗情勢，就會與它同在；就算逃避，它也會如影隨形。當你發揮智慧活用不抗拒法則，根本沒有任何人事物可以給你帶來負面的影響。

不協調的情境，源於一個人內心的不和諧。一旦他對不協調的情境再也不掀起任何情緒反應，它就會從他的人生道路上永遠消失。

| 4-2 | 活在過去有違靈性法則，別讓過去影響現在的你

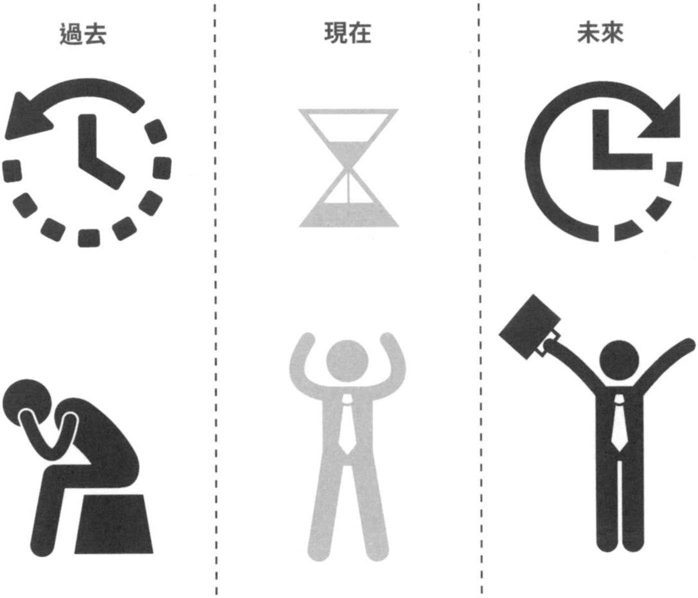

被過去的往事束縛，是一種失敗的做法。
活在當下才符合靈性法則。

人必須活在當下

過去是時間的強盜。人應該祝福過去，然後從此忘懷，全然地活在當下。

人們必須常保精神上的機敏，隨時待命，並抓住每一個機會。**每天醒來後，請立刻說出一句肯定句。**一旦養成這種習慣，你將會看到驚喜與奇蹟出現在生活中。

POINT

活用不抗拒法則，就沒人可以將你踩在腳底下。

Chapter 5

因果報應法則與寬恕法則

—— 召喚恩典，得無盡供給 ——

| 5-1 | 人生是一場迴力鏢遊戲

個人傳遞出去的一切，遲早會反彈回到自己身上。

學習「提出正確要求」

人只會收到自己傳遞出去的一切，他的思想、行為與語言，遲早會以令人目瞪口呆的精準程度，反彈回到自己身上，這就是「因果法則」。

渴望是一股強大的力量，但它必須被導引至正確的管道，否則必將引爆混亂。**在採取行動時，最重要的第一步，就是「提出正確要求」**。

人應該只要求神授權利為他安排的一切。任何出於個人的意志勉強得來的事物，永遠都是「不當所得」以及「不當成功」。

|5-2|付出帶來收穫，吝惜帶來失去

禮物與物品都是投資，
過度囤積物品或當個守財奴，只會導致損失。

召喚寬恕法則，消除過錯

了解靈性法則，人們就有力量「消除自己的過錯」。有一條法則超越了因果報應法則，它就是寬恕法則。每個人的內在神性，引領我們從所有不協調的情境中解脫。

在超意識的引領下，在潛意識心智烙下堅定的信念，所有困難就可以克服。

POINT

寬恕法則讓我們可以「消除自己的過錯」。

Chapter 6

拋下重擔

—— 在潛意識烙下深刻印象 ——

| 6-1 | 積極的信念是一座橋梁，讓人通往應許之地

想在潛意識烙下深刻印象，
積極的信念不可或缺。

把重擔交給內在的神

當人們明瞭自己的能力和心智運作的方式時，就會生出強烈渴望，想要找到簡單而又快速的方式，在潛意識烙下美好印象。最簡單的方式就是「拋下重擔」。

超意識心智（或內在神性）是為人征戰並減輕負擔的所在。重擔是負面思想或條件，而且根植於潛意識。將重擔交給超意識心智，重擔將「變得輕盈」，或回歸「本來無一物」的狀態。

人們拋下重擔就會將事情看得一清二楚，神智清明並得到解脫。

|6-2|在重大改進出現之前，人們會先看到徵兆

哥倫布發現鴿子和小樹枝，因此知道陸地快到了。

黎明前的天色最黑暗

在重大改變出現之前，每件事似乎都走樣了，大家往往誤解這就是重大改變本身，因而失望，埋藏在潛意識中的恐懼漸漸浮出水面。恐懼是害人誤入歧途的負能量，我們有必要重新定向，或轉化成信仰。

若想在潛意識烙下深刻的印象，積極的信念永遠不可或缺。只要放下重擔，就能讓人在黑暗中看清楚。

一貫秉持「信以為真」能讓你在潛意識烙下深刻印象。當你相信自己是有錢人，時機成熟就會有收穫。

一個人只要展現無畏的勇氣，就能擺脫自身的束縛。我們應該經常檢視自己的行動動機，是出於恐懼或信念。只要能展現信念，就能立於不敗之地。

POINT

「拋下重擔」之後，你將從俗世煩惱解脫，美好事物早晚體現在生活中。

Chapter 7

愛的法則

—— 宇宙最強的磁吸力 ——

｜7-1｜付出完美的愛，就會接收到完美的愛

無私地愛一個人，就是在完善自己。
當你自身就是完滿的圓，
便不再被外界所擾。

愛是一種宇宙現象

愛為人類打開第四度空間，也就是「充滿驚奇的世界」。**愛是上帝的顯現，也是宇宙間最強大的磁吸力，純淨、無私的愛會回歸付出的人身上，無須外求或強求。**嫉妒是愛的頭號大敵，一旦恐懼不曾消除，你的恐懼必然成真。

付出完美的愛，才會接收到完美的愛。正如那句古諺：「沒有人是你的敵人、沒有人是你的朋友，每個人都是你的老師。」

每個人都應該學著不要只看到自己，也應學習別人帶來的教誨。一旦學會，就能獲得自由。

7-2｜愉悅地花錢出去，就能開闢讓更多錢進來的途徑

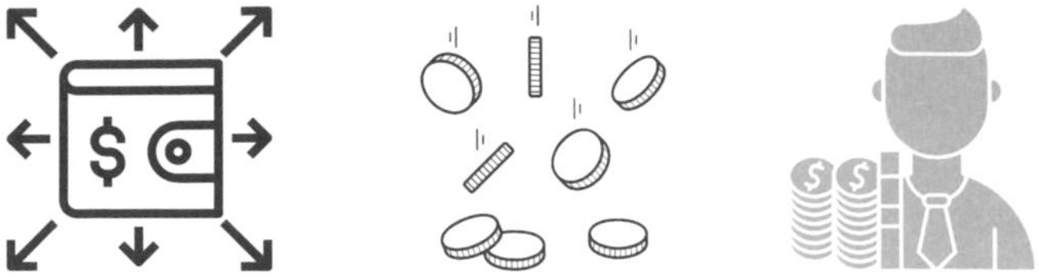

金錢喜歡流動，用正確方式對待錢，
才能吸引更多財富。

宇宙銀行永不倒閉

一個人如果鄙視金錢，就不會吸引金錢近身。他必須與某件事物和諧相處，才能吸引它近身。

金錢是上帝的體現，能讓人獲得自由，但它必須被流通使用，而且花在正確用途。囤積與吝嗇將帶來無情的報復。這就是靈性看待金錢的態度，萬能宇宙這家銀行永遠不會倒閉！

盲愛金錢是萬惡之源。金錢本身良善、有益，但若用在具破壞性的事情上，就會帶來疾病與災厄，並失去金錢。

順著愛的途徑前進，一切都將加諸於你，因為上帝就是愛，就是供應。反之，順著自私與貪婪的道路前進，供應就會消失，人也會慢慢偏離常軌。人們對法則的無知，將給自己帶來毀滅性結局。

POINT

悲傷、遺憾與懊悔會撕裂身體細胞，讓人魅力盡失。所有疾病、不幸都源自違背愛的法則。

Chapter 8

遵循直覺的指導

——「靈機一動」的奧祕——

| 8-1 | 上帝是我們的供應，有求必有得

語言可以啟動隱不可見的力量，
你說出口的話，將釋放無限供應。

說出願望，靜待指示

該如何祈禱才能應驗？答案是：**直白地說出來。但在沒有獲得明確指示之前，先別輕舉妄動。**

指示將經由直覺（或是預感）到來；也許是某人偶然的評論，或是書中的某一段文字。其答案之精準程度，有時會讓人目瞪口呆。

直覺是一種靈性能力，它無以名狀，只是單純地為我們指出方向。一個人經常在進行「肯定聲明」的過程中得到指示，這些靈機一動有時看似無關緊要，但有些來自上帝的指引，確實十分奧祕。

｜8-2｜練習「遵從直覺的指示」

步驟1：直白地說出請求。

步驟2：要求明確指示。

步驟3：答案將經由直覺（預感）到來。

步驟4：遵從指示行動，直到願景成真！

負面思維吸引不幸與疾病

人們鮮少去思考，外在事務如何影響身體健康。每種疾病都可以對應某種心理狀態。**人一旦理解到，在神聖心智中他的身體即是完美構想，就會瞬間不藥而癒，從此健全、完美。**但如果再次抱持破壞性思維，如囤積、仇恨、恐懼等念頭，疾病就會捲土重來。

譴責他人，結果就是吸引疾病和不幸上身。一個人譴責別人的話語，最終反會吸引這些負面事物纏上自己。

當一個人口出惡言批評他人，就像拾起一根帶電的電線，終有一日可能招來電擊。

POINT

猶豫不決是絆腳石。一個人的意志應該用來堅守完美的願景。

Chapter 9

完美的自我表現

—— 落實你的神聖設計 ——

| 9-1 | 你必須先看到完美構想，成就才會實現

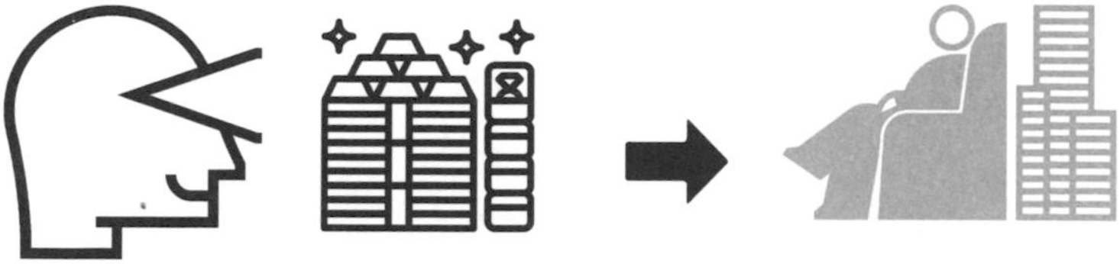

當人要求神聖設計進入潛意識，就會接收閃現的靈光，見到自己實現偉大的成就。

釋放你的完美計畫

每個人都有自己的完美表現，這是人的命定成就，是神聖心智的完美構想，就等著個人認可。想像力就是創造力，你必須先看到這個完美構想，成就才會實現。

完美計畫包括健康、財富、愛和完美的自我表現。完整的生命進而帶來完美的幸福。

完美的自我表現永遠無須費力，當你樂在其中，它幾乎就像玩遊戲般有趣。

務必要求明確指示，然後你就能踏上一條輕鬆、成功的道路。

｜9-2｜完美自我表現的練習！

按照這5個步驟天天練習， 你就能擁有完美的自我表現。	練習1：提出需求，要求明確指示。 
練習2：接收閃現的靈光，堅定地等待。 	練習3：養成習慣，練習每分鐘都「與上帝同在」。 
練習4：保持沉著冷靜，以便成就神的好意。 	練習5：樂於付出善意給他人，並接受他人的善意。 

沉著就是力量

沉著冷靜賦予神力一個機會，可以進入個人內在，以便「下定決心並成就祂的好意」。當一個人沉著冷靜，他就能清楚思考，並迅速做出正確決定。**人們會發現，恐懼與擔憂是致命的罪過，會將憂懼化為**現實。我們該將這些敵人從潛意識中驅逐出去。

POINT

一個人真正的自由，來自充分彰顯神聖設計為他安排的人生。

Chapter 10

拒絕與認可

—— 拒絕局限，認可富足 ——

| 10-1 | 持續不懈說肯定句，在潛意識建立信念

當信念導引潛意識，將發揮強大的力量。

每人心中都有一塊黃金

在神聖心智中，所有終將在個人生命中彰顯的美好事物早已準備就緒，只等待個人認可、說出需求之後充分發揮。

要求你的需求以「完美的方式體現」，美好事物就會彰顯。

每個人心中都有一塊黃金，它就是他的財富意識，為他的人生帶來財富。當他將需求說出口，就等於是從人生旅程的終點啟程，也就是說，他宣布自己**「已經收到了」**財富。所以，你無須懇求或祈願，只要對自己已經收到的事物，再三表達感謝即可。

| 10-2 | 當一個人放下問題，渴望就能得到彰顯

人生的旅途中，你不須負重前行，
將困境交到上帝手中，問題就會迎刃而解。

將問題交到上帝手上

當你開始進行肯定聲明，就應該永不退卻。這是彰顯最困難的時刻，因為誘惑會要我們放棄、回頭、讓步。彰顯通常在十一個小時後才會出現，因為那時人已經想要放手，此時正是無窮智慧發揮的大好機會。

當一個人可以放下問題，召喚就會立即得到彰顯。**一個人應該在拒絕負面事物之後，立刻加上肯定聲明。**讓上帝改造你，更新你的心思意念。

當信念導引潛意識，將發揮強大力量。人們應該訓練心智接受閃現的靈感，依指示實現神聖計畫。

借力正確思考就能獲得力量，將自身的天堂帶進人間的生命中，這就是人生遊戲的目的。而遊戲的簡單法則就是無懼的信念、不拒絕與愛。

POINT

正確說出個人的需求至關重要，務必要求你的需求「以完美的方式體現」。

卷末附錄

召喚幸福的肯定聲明

要求財富

無窮神靈，請為我開闢充裕富足之路吧。
我是一塊強力的磁石，會吸引神賦予我權利所能擁有的一切。

要求消滅損失

無窮神靈，我在此召喚寬恕法則，
並感謝我受到神的恩典看顧，而非法則嚴管；
我不會損失神授權利賜予我的○○○。

要求健康

神聖之愛為我的意識灌注健康，我體內的每一顆細胞都充滿了光。

要求正確工作報酬

我有一份超棒的工作，良好的運作方式，
我提供出色的服務，換來豐厚的薪酬！

要求成功

我的神聖心智是完美典範。
無窮智慧已經為我規畫好成功與繁榮，現在我開口向它要求。

要求神聖設計實現

無窮神靈，請為我開闢通往正確家庭、
正確朋友與正確職位的康莊大道。
現在我感謝一切都在恩典之下以完美的方式體現。

要求發揮天賦

無窮神靈，請提供我明確指示，請向我展示完美的自我表現，
讓我看見現在我應該要發揮的天賦。

要求擺脫困難境遇

我將這副重擔加諸內在的基督身上，於是我獲得自由！

要求直覺指導（明確指示）

我永遠受到聖靈的啟發，能迅速做出正確決定。
讓我知道我還能做些什麼事。
無窮神靈，請指引我道路，

要求完美的一天

我的諸事將在今天完全實踐！
今天是圓滿的一天；我感謝這個完美的一天，
奇蹟將會一個接著一個出現，驚喜也將永不止息。

要求正確決定

我永遠受到聖靈的啟發，能迅速做出正確決定。

要求賣出商品

上帝正保護我的利益，神聖旨意將順勢而生。
正確的商品會被正確的賣家，販售給正確的買家。

要求不與真命天子／天女分離

在神聖心智裡沒有所謂的分離，
因此，我不會與神應許我的愛及伴侶分開。

要求親友的安全

人是神聖心智的完美構想，總是站在正確的位置。
因此，我的兄弟（朋友）正站在自己正確的位置，
而且受到神聖保護。

美國二十世紀最偉大的心靈導師
——佛羅倫絲．辛

佛羅倫絲．辛（Florence Scovel Shinn）生於1871年、卒於1940年，是美國藝術家和圖書插畫家。1925年，她自費出版第一本著作《人生遊戲的贏家法則》，隨即成為人氣爆棚的演說家與作家。

她將傳統的潛意識心理學，與靈修心理學結合，無償對人們進行心理治療。她擅長引述《聖經》的故事及記載，喜歡用生活中的小故事來闡述正面的態度與思想，教導人們運用心靈法則讓富足自然降臨，成為幸福的贏家。

《人生遊戲的贏家法則》自出版以來，隨即引發巨大轟動，並被翻譯成多國文字，在全球發行。時至今日，佛羅倫絲．辛的著作在西方世界仍具有極大的影響力